RACIAL JUSTICE IN

LATINX AMERICA

THE UNITED FARM WORKERS MOVEMENT

EL MOVIMIENTO de la UNIÓN de CAMPESINOS

BRENDA PEREZ MENDOZA

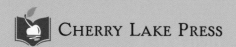

CHERRY LAKE PRESS

Published in the United States of America by Cherry Lake Publishing Group
Ann Arbor, Michigan
www.cherrylakepublishing.com

Reading Adviser: Beth Walker Gambro, MS, Ed., Reading Consultant, Yorkville, IL
Content Adviser: Carlos Hernández, PhD, Assistant Professor, Center for Latino/a and Latin American Studies,
  Wayne State University
Copyeditor: Lorena Villa Parkman
Book Design and Cover Art: Felicia Macheske

Photo Credits/Fotografías: page 8: Dorothea Lange/Library of Congress; page 14: Cornelius M. Keyes/National Archives;
pages 16, 40: Records of the Environmental Protection Agency, National Archives; pages 20, 34: © George Ballis/Take Stock/
TopFoto; page 26: Leonard Nadel/National Museum of American History, Smithsonian; page 36: © Everett Collection
Historical/Alamy Stock Photo; pages 41 (top), 45: Rena Schild/Shutterstock; page 41 (center): © Diego Grandi/Shutterstock;
page 41 (bottom): Carol M Highsmith/Library of Congress; page 42: John Malmin/Los Angeles Times/Wikimedia Commons
(CC BY 4.0)

Cherry Lake Press is an imprint of Cherry Lake Publishing Group.

Library of Congress Cataloging-in-Publication Data has been filed and is available at catalog.loc.gov.

Cherry Lake Publishing Group would like to acknowledge the work of the Partnership for 21st Century Learning, a Network of
Battelle for Kids. Please visit *http://www.battelleforkids.org/networks/p21* for more information.

Printed in the United States of America

Note from publisher: Websites change regularly, and their future contents are outside of our control. Supervise children when
conducting any recommended online searches for extended learning opportunities.

Brenda Perez Mendoza, M.A. is an award-winning K-12 ELL specialist. She grew up a Spanish-speaker first. When she went
to school, there wasn't enough support students learning the English language. That is what drove her to become an EL
teacher and work with bilingual students. She works to help all students, Latinx especially, embrace their culture and
celebrate who they are. Today, she lives in Chicago, Illinois, and is the mother of five beautiful and vibrant children.

Brenda Pérez Mendoza es una educadora y defensora de derechos galardonada. Creció en Cicero con el español como
lengua materna. Cuando iba a la escuela, no había suficiente apoyo para los estudiantes que aprendían inglés. Eso la llevó
a convertirse en una especialista en estudiantes de inglés (English Language Learners o ELL) de primaria y secundaria
(K-12) y a trabajar con estudiantes bilingües. Trabaja defendiendo los derechos de todos los estudiantes, especialmente
latinxs, integrando su cultura y celebrando quiénes son. Actualmente, vive en Chicago, Illinois; está comprometida con
ofrecer a los estudiantes prácticas sensibles a la cultura de cada uno y a defender los derechos integrales del niño.

CHAPTER 1

What Is the United Farm Workers Movement?

What does it mean to be treated *fairly*? Why do you think it is important to be fair? Laws in the United States have not always been fair. Sometimes they still aren't. But fairness is an important goal. Many people have worked hard to make laws more fair.

Everyone is supposed to be **equal under the law**. This is what the 14th Amendment to the U.S. Constitution requires. It is illegal to not treat people the same. It is not just or fair. When something is not fair under the law it is called an **injustice**. It is not easy to stop injustice.

CAPÍTULO 1

¿Qué es el movimiento de la Unión de Campesinos?

¿Qué significa ser tratado *de forma justa*? ¿Por qué piensas que es importante ser justos? Las leyes en los Estados Unidos no siempre han sido justas. Incluso en la actualidad a veces no lo son. Pero la justicia es un objetivo importante. Mucha gente ha trabajado duro para lograr que las leyes sean más justas.

Todos deberíamos ser **iguales bajo ley**. Esto es lo que dice la Decimocuarta Enmienda a la Constitución de los Estados Unidos. Es ilegal no tratar a la gente de la misma forma. No es algo justo. Cuando algo no es justo bajo la ley, se lo llama una **injusticia**. No es fácil detener las injusticias.

Dr. Martin Luther King Jr. worked for justice in the 1950s and 1960s. He was a leader. He helped lead a movement called the Civil Rights Movement. He led by example. He wanted to end unfair laws in the United States. He wanted to help Black families find good work and good housing. He encouraged people to resist unjust laws and rules nonviolently.

The Civil Rights Movement inspired many different people. It inspired other **minority** groups. A minority is part of a larger group. It has less numbers than another part. Often, minority groups have less political power. The Chicano Movement grew in the Southwest during this time. Chicano/a/x refers to someone of Mexican descent living in the United States. Puerto Rican civil rights groups formed in places like New York, Philadelphia, and Chicago. The issues they faced were different from those faced by Mexican Americans in the Southwest.

El Dr. Martin Luther King Jr. luchó por la justicia durante las décadas de 1950 y 1960. Él era un líder. Ayudó a dirigir un movimiento llamado Movimiento por los Derechos Civiles. Lideraba mediante el ejemplo. Quería acabar con las leyes injustas en los Estados Unidos. Quería ayudar a las familias negras a que consiguieran buenos trabajos y buenas viviendas. Alentaba a la gente a resistirse de forma no violenta a las leyes y a las normas injustas.

El Movimiento por los Derechos Civiles inspiró a muchas personas diferentes. Inspiró a otras **minorías**. Una minoría, o grupo minoritario, es parte de un grupo más grande. Tiene menos gente que otra parte de ese grupo. A menudo, los grupos minoritarios tienen menos poder político. El Movimiento Chicano creció en el sudeste del país durante esas mismas décadas. Un chicano o una chicana es un descendiente de mexicanos que vive en los Estados Unidos. Los grupos de derechos civiles de puertorriqueños se formaron en lugares como Nueva York, Filadelfia y Chicago. Los problemas que enfrentaban eran diferentes a los problemas de los mexicoamericanos en el sudeste.

Wherever they lived, Latinx people were often not treated fairly. Schools discriminated against Spanish-speaking children and families. Latinx workers were not paid fair wages.

Mexican American farm workers struggled. They worked long hours. Owners of the farms paid them very little. Farm workers often did not have access to clean water. They often did not have access to bathrooms. Farm workers also did not have healthcare or sick leave. If they got hurt or sick, they could lose their jobs.

Dondequiera que vivieran, las personas latinas a menudo no eran tratadas de manera justa. Las escuelas discriminaban a los niños y a las familias que hablaban español. Los trabajadores latinxs no recibían salarios justos.

Los trabajadores agrícolas mexicoamericanos se enfrentaban a varias dificultades. Trabajaban durante muchas horas. Los propietarios de las granjas les pagaban muy poco. A menudo, los trabajadores agrícolas no tenían acceso a agua limpia. Muchas veces no tenían acceso a baños. Tampoco recibían atención médica ni podían tomarse licencias por enfermedad. Si se lastimaban o enfermaban, podían perder sus empleos.

◀ A Mexican migrant woman harvests tomatoes in Santa Clara Valley, California, in 1938. Delicate crops like tomatoes are still harvested by hand today.

◀ Una mujer migrante mexicana cosecha tomates en el valle de Santa Clara, California en 1938. Varias cosechas de frutos delicados como los tomates hasta la fecha se recolectan a mano.

The farm workers united. They worked together to demand change. They formed **unions**. A union is a group of workers. They **negotiate** together. They demand fair pay and fair treatment.

Cesar Chavez, Dolores Huerta, and Gilbert Padilla were leaders. They formed the National Farm Workers Association (NFWA) in 1962. This was a union. Union members led marches. They held protests. They even boycotted unfair employers. In 1965, the group joined a boycott of California grapes. The boycott was organized by another union, Agricultural Workers Organizing Committee. The boycott lasted 5 years. The groups joined together. Their name became the United Farm Workers (UFW). By working together, they were able to make important changes.

There were other major civil rights events at the same time as the United Farm Workers. The March on Washington was in 1963 and about 250,000 people showed up to demand an end to segregation as well as economic justice, fair education, and fair pay. This is where Dr. Martin Luther King Jr. gave his "I Have a Dream" speech.

Entonces, los campesinos se agruparon. Trabajaron juntos para exigir cambios. Formaron **uniones** o sindicatos. Una unión es un grupo de trabajadores. Los trabajadores de una unión **negocian** juntos. Exigen salarios y tratos justos.

César Chávez, Dolores Huerta y Gilbert Padilla eran líderes. Formaron la Asociación Nacional de Trabajadores Agrícolas (*National Farm Workers Association* o *NFWA*, en inglés) en 1962. Se trataba de una unión. Los miembros de la unión conducían las marchas. Hacían protestas. Incluso hacían boicots a los empleadores que estaban siendo injustos. En 1965, el grupo se unió al boicot a las uvas de California. El boicot fue organizado por otro sindicato, el Comité Organizador de Trabajadores Agrícolas. Ese boicot duró 5 años. Los grupos se unieron y su nombre cambió a Unión de Campesinos (*United Farm Workers* o *UFW*, en inglés). Trabajando juntos, podían realizar más cambios importantes.

Hubo otros importantes eventos relacionados con los derechos civiles al mismo tiempo que el Movimiento de los Trabajadores Agrícolas Migrantes. La marcha sobre Washington fue en 1963. En ella, cerca de 250.000 personas se manifestaron para exigir el fin de la segregación racial, así como justicia económica, educación justa y salarios justos. Fue ahí donde el Dr. Martin Luther King Jr. dio su famoso discurso "Tengo un sueño".

CHAPTER 2

Meet the Leaders

The United Farmworkers Movement was founded by Cesar Chavez, Dolores Huerta, and Gilbert Padilla, among others. These three were some of the most important leaders. They felt driven to help others. They had common struggles that brought them together. They believed in community and the dignity each person deserves. They worked hard to improve lives.

Cesar Chavez was born in Yuma, Arizona, in 1927. His family owned a farm there. The **Great Depression** started in 1929. The Great Depression was a time in American history where people lost their jobs and homes. Many lived in extreme poverty.

CAPÍTULO 2

Conoce a los líderes

La Unión de Campesinos fue fundada por César Chávez, Dolores Huerta y Gilbert Padilla, entre otros. Ellos eran tres de sus líderes más importantes. Tenían el impulso de ayudar a otros. Tenían luchas en común que los unían. Creían en la comunidad y en la dignidad que cada persona merecía. Trabajaron duro para mejorar las vidas de los demás.

César Chávez nació en Yuma, Arizona en 1927. Su familia tenía una granja allí. La **Gran Depresión** comenzó en 1929. La Gran Depresión fue una época de la historia estadounidense en la que muchos perdieron sus trabajos y hogares, y terminaron viviendo en la pobreza extrema.

Cesar's parents fought for a very long time to keep their family farm. Eventually, they could no longer afford it. They had to move. There weren't many opportunities for families like the Chavezes. Many families were living in poverty. They struggled to afford food and a place to live. Many people of Latin American descent did not speak English. They were often treated unfairly.

Chavez and his family moved to California. It was one of the few states that offered Latinx people work. Chavez wasn't treated well in school. He did not feel like he belonged. He left school in 8th grade. He started working with his family in the fields.

Los padres de César lucharon por mucho tiempo para no perder su granja familiar. Al final, ya no podían mantenerla. Tuvieron que mudarse. No había muchas oportunidades para familias como los Chávez. Muchas familias estaban viviendo en la pobreza. Les resultaba muy difícil poder comprar comida y encontrar un lugar para vivir. Muchas personas de ascendencia latinoamericana no hablaban inglés. A menudo eran tratadas de forma injusta.

Chávez y su familia se mudaron a California. Era uno de los pocos estados en los que los latinxs podían conseguir trabajo. A Chávez no lo trataban bien en la escuela. No sentía que pertenecía. Dejó la escuela en el octavo grado. Comenzó a trabajar con su familia en los campos de cultivo.

◄ Housing for Mexican field workers in Imperial Valley, California, in 1937. This was the same year the Chavezes moved to California looking for farm work. Housing such as this cost $8 a month to rent. Wages averaged about $30 a month in 1938.

◄ Casas de los trabajadores del campo mexicanos en Imperial Valley, California en 1937. Este fue el mismo año en el que la familia Chávez se mudaron a California para buscar trabajo en las granjas. Las casas como estas se rentaban en ese entonces en $8 al mes. Los sueldos eran de un promedio de $30 al mes en 1938.

Chavez started to notice that working in the fields wasn't any better than school. He wasn't treated well. The other workers weren't either. Chavez felt connected to the people in the fields. He worked with them until he was 18. That's when he joined the Navy. In the Navy, he learned the power of organizing and working together.

After the Navy, Chavez returned to the fields in California. He knew the farm workers deserved better. He spoke up about the way the farm workers were treated. He spoke up for justice. He knew that if he didn't do something, nothing would change. He started talking to the people in the fields about, "La Causa" "The Cause." He knew they needed to join together and form a union. It was the only way to change things for the better.

Chávez empezó a notar que trabajar en el campo no era mejor que ir a la escuela. Tampoco ahí lo trataban bien. A los otros trabajadores tampoco los trataban bien. Chávez se sentía conectado con la gente que trabajaba en los campos. Trabajó con ellos hasta los 18 años. Fue entonces cuando se unió a la Marina. En la Marina, comprendió el poder de la organización y del trabajo en conjunto.

Después de su paso por la Marina, Chávez regresó a los campos de cultivo en California. Sabía que los trabajadores agrícolas merecían mejores condiciones. Entonces, le habló a los trabajadores agrícolas sobre la forma en que se les trataba. Les habló sobre la justicia. Él sabía que, si no hacía nada, nada cambiaría. Comenzó a hablar con la gente en los campos de cultivo sobre "La Causa". Sabía que necesitaban organizarse y formar una unión. Era la única forma de mejorar las cosas.

◀ Cesar Chavez speaks on behalf of farm workers in 1972.

◀ César Chávez habla en nombre de los trabajadores del campo en 1972.

Dolores Clara Fernandez Huerta was born in New Mexico. Her father was a state legislator. Her mother was known for being selfless and kind. After her parents divorced, Huerta moved to California with her mother. Huerta's mother was struggling. She had to work more than two jobs.

Huerta had a hard time in school. She was treated differently because she spoke Spanish. She wanted to help her family. She also wanted to help other students like her. She decided to become a teacher.

Chavez was inspired by St. Francis of Assisi, a Catholic saint. Catholicism is a type of Christianity. Followers recognize Jesus Christ as the son of God and follow his teachings. St. Francis lived in the 13th century, over 800 years ago. He wanted to live his life like Jesus lived his. He took a vow of poverty. He promised not to own property. He wore simple clothes. He dedicated his life to helping the poor and underprivileged. He was known for his compassion. He treated all creatures as his brothers and sisters. He believed that Jesus loved the world so much, that to follow Jesus required unconditional love for all people and creatures. Chavez shared St. Francis's commitment to each person's dignity and worth.

Dolores Clara Fernández Huerta nació en Nuevo México. Su padre era legislador del estado. Su madre era conocida por ser una persona altruista y amable. Después de que sus padres se divorciaron, Huerta se mudó a California con su madre. La madre de Huerta enfrentaba muchas dificultades. Tenía que trabajar en más de dos empleos.

Huerta no disfrutaba la escuela. Era tratada de forma diferente porque hablaba español. Quería ayudar a su familia. También quería ayudar a otros estudiantes como ella. Por eso, decidió convertirse en maestra.

Chávez se inspiró en san Francisco de Asís, un santo católico. El catolicismo es una rama del cristianismo. Los católicos reconocen a Jesucristo como el hijo de Dios y siguen sus enseñanzas. San Francisco vivió en el siglo XIII, hace más de 800 años. Él quería vivir su vida como Jesús vivió la suya. Hizo un voto de pobreza; prometió no poseer propiedades; usaba ropa sencilla. Dedicó su vida a ayudar a los pobres y a los desfavorecidos. Era conocido por su compasión. Trataba a todas las criaturas como si fueran sus hermanos y hermanas. Creía que Jesús amaba tanto al mundo, que seguir a Jesús requería de un amor incondicional por todas las personas y criaturas. Chávez imitó el compromiso de san Francisco con la dignidad y el valor de cada persona.

Huerta was the first in her family to go to college. She graduated and got a job as a teacher. She wanted to help her students. She wanted to help them learn, but she noticed they had bigger problems. Her students came to school hungry and sick. They were living in extreme poverty. Huerta realized that if she wanted to help her students, she had to help their families.

Huerta quit teaching. She co-founded a chapter of the Community Service Organization (CSO) in Stockton, California. The Community Service Organization was a Mexican-American **activism** group. Cesar Chavez also worked at CSO. A coworker introduced them to each other. They began to talk about organizing farm workers into a union.

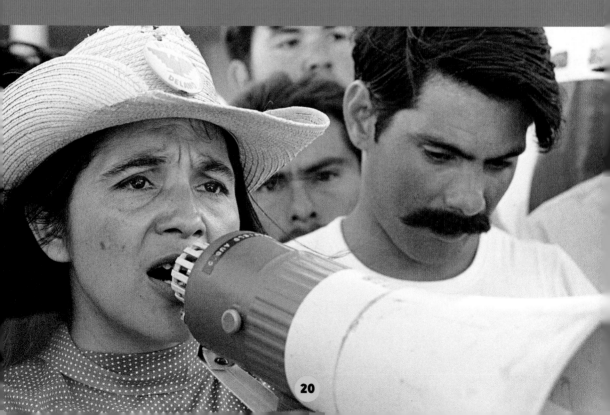

Huerta fue la primera de su familia en ir a la universidad. Se graduó y consiguió un trabajo como maestra. Quería ayudar a sus estudiantes. Quería ayudarlos a aprender, pero se dio cuenta de que tenían problemas más grandes. Sus estudiantes llegaban a la escuela hambrientos y enfermos. Vivían en la pobreza extrema. Se dio cuenta de que si ella quería ayudar a sus estudiantes, tenía que ayudar a sus familias.

Huerta abandonó la enseñanza. Fue cofundadora de una seccional de la Organización de Servicio Comunitario (Community Service Organization o CSO, en inglés) en Stockton, California. La CSO era un grupo mexicoamericano de **activismo**. César Chávez también trabajó en la CSO. Un compañero de trabajo los presentó. Comenzaron a hablar sobre la posibilidad de organizar a los trabajadores agrícolas en un sindicato o unión.

◀ Dolores Huerta organizes marchers at the United Farm Workers Coachella March in the Spring of 1969.

◀ Dolores Huerta organiza a los manifestantes en la marcha de la Unión de Campesinos en Coachella, la primavera de 1969

Gilbert Padilla was born in Los Banos, California. As a child, he lived in a labor camp with his family and worked alongside them as a farm worker. He witnessed the mistreatment of many migrant workers.

When he grew up, Padilla joined the U.S. Army and served in World War II. He was a combat engineer and operated heavy equipment. Part of his job was to help rebuild Japan.

After the war, Padilla found work. He met Cesar Chavez in 1955. Padilla began to volunteer with CSO. Chavez hired Padilla as a community organizer in 1960. Two years later, CSO rejected a proposal to help farm workers. Chavez resigned. So did Huerta and Padilla.

Padilla once said, "Whenever there is a fight so hungry people can eat, I'll be there!"

Gilbert Padilla nació en Los Banos, California. Cuando era niño, vivía en un campo de cultivo con su familia y trabajaba junto a ellos en la producción de alimentos. Era testigo del maltrato hacia muchos trabajadores migrantes.

Cuando creció, Padilla se unió al Ejército de los Estados Unidos y sirvió en la Segunda Guerra Mundial. Era ingeniero de combate y operaba maquinaria pesada. Parte de su trabajo fue ayudar a reconstruir Japón.

Después de la guerra, Padilla encontró trabajo. Conoció a César Chávez en 1955. Padilla comenzó a trabajar como voluntario en la CSO. Chávez empleó a Padilla como organizador de la comunidad en 1960. Dos años más tarde, la CSO rechazó una oferta para ayudar a los trabajadores agrícolas. Chávez renunció. También lo hicieron Huerta y Padilla.

Padilla dijo una vez: "Siempre que haya una lucha para que la gente hambrienta pueda comer, ¡ahí estaré yo!".

CHAPTER 3

Why Was This Movement Necessary?

During World War II, the U.S. had problems with its workforce. Many farm workers were fighting overseas in the military. Many Japanese American farm workers were unjustly **incarcerated** in **internment camps**. Both of these groups left behind essential jobs in farming. Without these jobs, there would not be enough food. The U.S. and Mexico created a program to help solve this problem.

CAPÍTULO 3

¿Por qué era necesario este movimiento?

Durante la Segunda Guerra Mundial, los Estados Unidos tenían problemas con la mano de obra. Muchos trabajadores agrícolas estaban luchando para el ejército en el extranjero. Muchos trabajadores agrícolas japoneses-estadounidenses habían sido injustamente **encarcelados** en **campos de concentración**. Ambos grupos antes hacían trabajos agrícolas esenciales. Si nadie hacía estos trabajos, no habría alimento suficiente. Entonces, los Estados Unidos y México crearon un programa para ayudar a solucionar el problema.

The program was called the Bracero Program. Bracero means "one who works with his arms." This program allowed Mexican farm workers to come into the U.S. Mexican citizens could come into the U.S. to work and live temporarily. The Mexican government knew that many of their citizens would have better opportunities under this program. Millions of Mexican people signed contracts to work and live in the U.S. People under this program were promised livable wages, homes, and access to healthcare. Unfortunately, the Bracero Program took advantage of Mexican citizens. Braceros were often cheated out of a livable wage. Many could not speak English. They were not U.S. citizens. They could not defend themselves. They had few protections.

Se lo conoció como el Programa Bracero. Un "bracero" es una persona que trabaja con sus brazos. Este programa permitió que los trabajadores agrícolas mexicanos ingresaran en los Estados Unidos. Los ciudadanos mexicanos podrían entrar en el país para trabajar y vivir temporalmente. El gobierno mexicano sabía que muchos de sus ciudadanos tendrían mejores oportunidades con este programa. Millones de mexicanos firmaron contratos para trabajar y vivir en los Estados Unidos. A las personas que participaron en este programa se les prometieron salarios dignos, hogares y acceso a la salud. Desafortunadamente, el Programa Bracero se usó para que muchos se aprovecharan de los ciudadanos mexicanos. A los braceros a menudo los engañaron para no darles salarios dignos. Muchos no podían hablar inglés. Como no eran ciudadanos estadounidenses, no podían defenderse. Tenían pocas protecciones.

◀ Hundreds of Mexican
   farm workers lined up
   at a time to apply for
   the Bracero Program.

◀ Cientos de trabajadores
   del campo mexicanos hacen
   su solicitud para ser parte
   del Programa Bracero.

Braceros were not the only farm workers. Many Mexican Americans, or Americans of Mexican descent, also found jobs as farm workers. U.S. and Mexican citizens worked side by side. They faced many of the same challenges. They were both often treated as outsiders.

Farm workers were forced to live in poor conditions. They were given homes without floors or bathrooms. Some homes didn't even have roofs. These homes were unlivable. Farm workers were also forced to work over 12 hours a day. They worked in fields under the hot sun without breaks.

Farm workers also spent the day breathing in toxic chemicals. The farmers sprayed plants with pesticides to kill bugs. The pesticides were poisonous to the farm workers, too, but the workers were not given any protection. When farm workers tried to protest, they were sometimes met with violence.

Los braceros no eran los únicos trabajadores agrícolas. Muchos mexicoamericanos —o estadounidenses de ascendencia mexicana— también eran trabajadores agrícolas. Los ciudadanos estadounidenses y mexicanos trabajaban codo a codo. Hacían frente a muchos de los mismos problemas. Ambos grupos eran tratados a menudo como forasteros.

Los trabajadores agrícolas se veían obligados a vivir en malas condiciones. Se les daban casas sin pisos ni baños. Algunas de las casas ni siquiera tenían techos. Estas casas eran inhabitables. También forzaban a los trabajadores agrícolas a trabajar más de 12 horas por día. Trabajaban en los campos de cultivo bajo el sol caliente sin descansos.

Los trabajadores agrícolas también pasaban el día respirando productos químicos tóxicos. Los dueños de las granjas rociaban las plantas con pesticidas para matar a los insectos. Pero los pesticidas también eran venenosos para los trabajadores agrícolas; sin embargo, a los trabajadores no se les daba ninguna protección. Cuando intentaban protestar, a menudo se les respondía con violencia.

Alone, the workers were often helpless to defend themselves. People like Chavez, Huerta, and Padilla saw the workers' strength. They knew how important farm workers were. Without farm workers, farm owners could not harvest and sell produce. Without farm workers, Americans could not eat.

Farm workers' power was in their labor. Together, if they stopped working, the U.S. food industry would stop. Farm owners would have to convince workers to start working. They would have to offer good wages and benefits.

Solos, los trabajadores eran incapaces de defenderse. Personas como Chávez, Huerta y Padilla pudieron identificar dónde estaba la fuerza de los trabajadores. Sabían lo importantes que realmente eran los trabajadores agrícolas. Sin ellos, los dueños de las granjas no podrían cosechar y vender los productos alimenticios. Por lo tanto, sin los trabajadores agrícolas, los estadounidenses no podrían comer.

El poder de los trabajadores agrícolas estaba en su trabajo. Si dejaban de trabajar todos al mismo tiempo, la industria alimentaria de los Estados Unidos se detendría. Los dueños de las granjas tendrían que convencer a los trabajadores de que volvieran a trabajar. Para eso, tendrían que ofrecerles buenos salarios y más beneficios.

◀ Farm workers spent long hours in fields such as this sugar beet field in Monterey, California.

◀ Los trabajadores del campo pasaban muchas horas trabajando, como en este campo de betabeles en Monterey, California.

CHAPTER 4

What Did This Movement Accomplish?

Under Chavez, Huera, and Padilla, the NFWA began to make important changes. Members organized protests, marches, and boycotts. They made signs and created **slogans**.

In 1965, another union was having their own struggles. Filipino farm workers organized a union called Agricultural Workers Organizing Committee (AWOC). They experienced discrimination as Asian Americans. They were tired of being mistreated. Many worked for a company called Delano. Delano owned grape farms. AWOC members organized the Delano grape strike. They wanted clean water and toilets for workers.

CAPÍTULO 4

¿Qué logró este movimiento?

Bajo la conducción de Chávez, Huerta y Padilla, la NFWA comenzó a hacer cambios importantes. Los miembros de la asociación organizaron protestas, marchas y boicots. Hacían carteles de protesta y creaban **eslóganes**.

En 1965, otra unión luchaba sus propias batallas. Los trabajadores agrícolas filipinos crearon una unión llamada Comité Organizador de Trabajadores Agrícolas (*Agricultural Workers Organizing Committee* o *AWOC*, en inglés). Sufrían la discriminación por ser asiático-americanos. Estaban cansados de ser maltratados. Muchos trabajaban para una empresa llamada Delano, que poseía granjas de uvas. Los miembros de AWOC organizaron la Huelga de la Uva de Delano. Exigían agua limpia y baños para los trabajadores.

Larry Itliong and Ben Gines were leaders of AWOC. They wanted their strike to make a real impact. They needed support. They reached out to Cesar Chavez and the NFWA. Itliong and Gines knew that farm workers were stronger together. Chavez did not think his union was ready for such a large strike. He was extremely nervous, but he knew that if he didn't support the AWOC, his own farm workers movement was at risk.

Chavez decided that on September 16, 1965, on Mexican Independence Day, the NFWA would join the Delano grape boycott and strike. This boycott brought unions, churches, community groups, and advocates together to support the AWOC and the NFWA.

Larry Itliong y Ben Gines eran los líderes de AWOC. Querían que su huelga tuviera un impacto real. Para eso, necesitaban apoyo. Entonces, se pusieron en contacto con César Chávez y la NFWA. Itliong y Gines sabían que los trabajadores agrícolas eran más fuertes cuando actuaban juntos. Chávez no creía que su unión estuviera lista para una huelga tan grande. Estaba extremadamente nervioso, pero también sabía que, si no apoyaba al AWOC, su propio movimiento de trabajadores agrícolas estaría en riesgo.

Chávez decidió que el 16 de septiembre de 1965, en el Día de la Independencia de México, la NFWA se uniría al boicot y la Huelga de la Uva de Delano. Este boicot reunió a sindicatos, iglesias, grupos comunitarios y defensores de los derechos para apoyar al AWOC y la NFWA.

◀ Larry Itliong (left) and Cesar Chavez (far right) march together for farm worker rights. Walter Reuther (center), a prominent labor leader, marches with them.

◀ Larry Itliong (izquierda) y César Chávez (derecha), marchan juntos por los derechos de los trabajadores del campo. Walter Reuther (al centro), un prominente líder de trabajadores, marcha con ellos.

Almost a year later, in August 1966, the NFWA and the AWOC **merged**. Together, they formed the United Farm Workers Organizing Committee. The name would change to the United Farm Workers (UFW) in 1972. This joint organization marked the first partnership between Filipino and Mexican civil rights workers. The Delano boycott lasted for 5 years.

This boycott became national news. Chavez famously fasted for 25 days. This was a hunger strike. People like Robert Kennedy, a politician and presidential candidate, supported the boycott. Kennedy praised Chavez. He called Chavez "one of the heroic figures of our time." Hotel and restaurant worker unions across the country supported the boycott in **solidarity**.

Casi un año después, en agosto de 1966, NFWA y AWOC se **fusionaron**. Juntos, formaron el Comité Organizador de Trabajadores Agrícolas Unidos. El nombre cambiaría a Unión de Campesinos (*United Farm Workers* o *UFW*, en inglés) en 1972. Esta organización conjunta marcó la primera asociación entre trabajadores de derechos civiles filipinos y mexicanos. El boicot de Delano duró 5 años.

Este boicot se convirtió en noticia nacional. Chávez hizo su famoso ayuno durante 25 días. Estaba haciendo una huelga de hambre. Personas como el político y candidato presidencial Robert Kennedy apoyaron el boicot. Kennedy elogió a Chávez. Se refirió a él como "una de las figuras heróicas de nuestro tiempo". Los sindicatos de trabajadores de hoteles y restaurantes de todo el país apoyaron el boicot en **solidaridad**.

◀ Chavez ended his hunger strike with Senator Robert Kennedy on March 10, 1968.

◀ Chávez terminó su huelga de hambre en presencia del senador Robert Kennedy el 10 de marzo de 1968.

In 1970, the UFW signed its first contracts with grape growers. The contracts promised fair hiring and medical benefits. They also promised higher pay and protections from pesticides. It took many years but eventually the UFW created lines of credit for their members, safety regulations, livable conditions, and even rules against discrimination. Chavez famously said, "It was never about the grapes. It was always about people!"

There was still work to do. In 1972, Chavez started another hunger strike. He wanted the world to see how farm workers were treated. Arizona passed laws so farm workers could not join unions. Later, Chavez fasted for 36 days. He wanted people to know that pesticides were poisoning farm workers and their children.

En 1970, la UFW firmó sus primeros contratos con los cultivadores de uva. Los contratos prometían una contratación justa y beneficios médicos. También prometían salarios más altos y protección contra los pesticidas. Tomó muchos años, pero la UFW eventualmente logró para sus miembros líneas de crédito, regulaciones de seguridad, condiciones dignas e incluso reglas contra la discriminación. Chávez dijo su famosa frase: "La pelea nunca fue por las uvas. ¡Siempre fue por la gente!".

Pero todavía quedaba trabajo por hacer. En 1972, Chávez inició otra huelga de hambre. Quería que el mundo viera cómo se trataba a los trabajadores agrícolas. Arizona aprobó leyes para que los trabajadores agrícolas no pudieran unirse a los sindicatos. Entonces, Chávez ayunó durante 36 días. Quería que la gente supiera que los pesticidas estaban envenenando a los trabajadores agrícolas y a sus hijos.

AWARDS AnD HOnORS

Today, the United Farm Workers Movement is recognized as one of the key civil rights fights of the 20th century. The movement changed laws and changed lives. Two of its founding members have been memorialized in many ways. Cesar Chavez and Dolores Huerta are celebrated throughout the United States. Schools, highways, and other public places have been named after these civil rights **icons**.

Hoy en día, la lucha del Movimiento de la Unión de Campesinos es reconocida como una de las principales luchas por los derechos civiles del siglo XX. El movimiento logró cambiar leyes y vidas. Dos de sus miembros fundadores han sido conmemorados de muchas maneras. César Chávez y Dolores Huerta son celebrados a lo largo y ancho de los Estados Unidos. Escuelas, carreteras y otros lugares públicos han recibido los nombres de estos **íconos** de los derechos civiles.

In 1994, President Bill Clinton awarded Cesar Chavez the Presidential Medal of Freedom for his contribution to the Mexican American community. The Presidential Medal of Freedom is the highest **civilian** honor a U.S. citizen can receive. Chavez's wife, Helena, accepted the award. Chavez had died peacefully in his sleep in April of 1993.

En 1994, el expresidente Bill Clinton otorgó a César Chávez la Medalla Presidencial de la Libertad por su contribución a la comunidad mexicoamericana. Este es el reconocimiento **civil** más importante que un ciudadano estadounidense puede recibir. La esposa de Chávez, Helena, aceptó el premio en su nombre. Chávez había muerto pacíficamente mientras dormía en abril de 1993.

PREMIOS Y HONORES

Later, President Barack Obama awarded the Presidential Medal of Freedom to Dolores Huerta in 2011. At the time, he made a joke and said thank you for letting him borrow the slogan, "Yes We Can!" This campaign slogan was the English version of "Si Se Puede," a rallying cry of UFW workers.

Más adelante, en 2011, el expresidente Barack Obama otorgó la Medalla Presidencial de la Libertad a Dolores Huerta. En ese momento, hizo una broma y le agradeció por dejarle tomar prestado el eslogan "Yes We Can!". Este eslogan de campaña era la versión en inglés de "¡Sí, se puede!", un grito de protesta de los trabajadores de la UFW.

The Mexican Government awarded Huerta the Order of the Aztec Eagle medal in 2015. Huerta also holds around 15 honorary doctorates. An honorary doctorate is given by a university to honor a person for their achievements.

El gobierno mexicano otorgó a Huerta la medalla de la Orden del Águila Azteca en 2015. Huerta también tiene alrededor de 15 doctorados honorarios. Un doctorado honorario es otorgado por una universidad para honrar a una persona por sus logros.

In 2014, President Barack Obama named March 31st National Cesar Chavez Day. On this day the country celebrates Chavez's legacy and his many accomplishments.

En 2014, el expresidente Barack Obama decretó que el 31 de marzo sería el Día Nacional de César Chávez. En ese día, el país celebra el legado de Chávez y sus muchos logros.

The UFW's work continued. Larry Itliong and Cesar Chavez spent the rest of their lives working to improve conditions for farm workers. They inspired generations of activists and history makers.

The work that the UFW put in led to a change in California's laws. In 1975, the Agricultural Labor Relations Act became law. This law recognized the right of Californian farm workers to organize. Today, the UFW still works for a safe and just food supply. Its union contracts protect thousands of farm workers.

El trabajo de la UFW continuó. Larry Itliong y César Chávez pasaron el resto de sus vidas trabajando para mejorar las condiciones de los trabajadores agrícolas. Inspiraron a generaciones de activistas y a personas que cambiarían la historia.

El trabajo que la UFW puso en marcha, llevó a un cambio en las leyes de California. En 1975, se aprobó la Ley de Relaciones Laborales Agrícolas. Esta ley reconocía el derecho de los trabajadores agrícolas de California a organizarse en uniones o sindicatos. Hoy, la UFW aún trabaja para lograr una producción alimenticia segura y justa. Sus contratos sindicales protegen a miles de trabajadores agrícolas.

◀ Chavez marched with UFW members from the Mexican border to Sacramento, California, in 1975. It was called the 1,000 Mile March. He met with farm workers along the way. He encouraged them to unionize.

◀ En 1975, Chávez marchó con los miembros de la UFW desde la frontera mexicana hasta Sacramento, California. A este evento se le llamó la marcha de las mil millas. En el trayecto se reunió con trabajadores del campo y los alentó a formar uniones y sindicatos.

Dolores Huerta and Gilbert Padilla both continue to make a difference today. The Dolores Huerta Foundation helps communities organize volunteers for social justice. They help register voters, engage in public health campaigns, and work for better education policies. Padilla continues to share information and history about his life and work and the history of the farm workers' struggle for justice.

Dolores Huerta received the Presidential Medal of Freedom from President Barack Obama in 2011. ▶

Dolores Huerta recibió la Medalla Presidencial de la Libertad del presidente Barack Obama en 2011. ▶

Tanto Dolores Huerta como Gilbert Padilla continúan trabajando hoy en día para marcar la diferencia. La Fundación Dolores Huerta ayuda a las comunidades a que organicen a sus voluntarios para la justicia social. Ayudan a registrar votantes, participan en campañas de salud pública y trabajan por mejores políticas educativas. Padilla continúa compartiendo información e historias sobre su vida y su trabajo, y sobre la historia de la lucha de los trabajadores agrícolas por la justicia.

WE GROW TOGETHER

Think about the food you eat today. How much of it is grown by farmworkers? Choose a food that you eat regularly. Find out what you can about the farmworkers who grow it. Answer some of the questions below. Create a presentation of your answers to share what you learn with others.

- What food did you choose?
- Where is it grown?
- What season does it grow in?
- How is it harvested?
- How many workers does it take?
- Do the workers belong to a union?
- Do they get healthcare and time off?
- What are their wages?
- Are there laws to protect them?
- What challenges do they face?
- Which companies sell the food?

Think about how fair treatment can make people's lives better. Do you think Chavez and Huerta would approve of farmworkers' treatment today? Why or why not?

CRECEMOS JUNTOS

Piensa en la comida que comes actualmente. ¿Cuánta de esa comida es cultivada por trabajadores agrícolas? Elige un alimento que comas regularmente. Averigua todo lo que puedas sobre los trabajadores agrícolas que lo cultivan. Responde algunas de las preguntas a continuación. Crea una presentación con las respuestas para compartir con los demás lo que has aprendido.

- ¿Qué comida elegiste?
- ¿Dónde se cultiva?
- ¿En qué estación del año crece?
- ¿Cómo se cosecha?
- ¿Cuántos trabajadores se necesitan para cultivarla?
- ¿Los trabajadores están organizados en una unión o sindicato?
- ¿Reciben atención médica y gozan de tiempo libre?
- ¿Cuáles son sus salarios?
- ¿Existen leyes que los protejan?
- ¿Qué desafíos enfrentan?
- ¿Qué empresas venden los alimentos?

Piensa en cómo el trato justo puede mejorar la vida de las personas. ¿Crees que Chávez y Huerta estarían de acuerdo en cómo se trata a los trabajadores agrícolas hoy en día? ¿Por qué? ¿O por qué no?

EXTEND YOUR LEARNING

Books

Knutson, Julie. *Born in 1930: Harvey Milk and Dolores Huerta. Parallel Lives.* Ann Arbor, MI: Cherry Lake Press, 2020.

Rau, Dana Meachen. *Who was Cesar Chavez?* New York, NY: Grosset & Dunlap, 2017.

GLOSSARY

activism (AK-ti-vi-zuhm) direct action in support of or opposition to a cause or issue

boycotted (BOY-kah-tuhd) protested by refusing to buy from or work with a company

civilian (suh-VIL-yuhn) non-military

equal under the law (EE-kwuhl UHN-der THUH LAW) a Constitutional protection that says laws cannot be made or enforced in a way that treat groups of people differently

icons (EYE-kahnz) influential people

incarceration (in-kar-suh-RAY-shuhn) imprisonment

injustice (in-JUH-stuhs) a violation of someone's rights; an unjust act

internment camps (in-TERN-muhnt CAMPS) places where people are imprisoned; specifically locations that imprisoned Japanese American citizens unlawfully during World War II

merged (MERJD) joined together

minority (muh-NOR-uh-tee) the smaller number of two or more parts of a whole; a group with fewer votes, voters, or political power

negotiate (ni-GOH-shee-ayt) work towards an agreement

slogans (SLOH-guhns) a brief and catchy phrase used to get attention and be remembered

solidarity (sah-luh-DAIR-uh-tee) unity because of shared common interests

unions (YOON-yuhns) democratically-organized groups of workers who bargain with employers for better wages and benefits

INDEX

EXPANDE TU APRENDIZAJE

Libros

Knutson, Julie. *Born in 1930: Harvey Milk and Dolores Huerta. Parallel Lives.* Ann Arbor, MI: Cherry Lake Press, 2020.

Rau, Dana Meachen. *Who was Cesar Chavez?* New York, NY: Grosset & Dunlap, 2017.

GLOSARIO

activismo: acción directa en apoyo u oposición a una causa o problema

boicot: protesta mediante la negación a comprar productos de una empresa o a trabajar con dicha empresa

civil: no militar

iguales bajo la ley: protección constitucional que dice que las leyes no se pueden hacer o aplicar de manera diferente para distintos los grupos de personas

íconos: personas influyentes

encarcelado: alguien que está en prisión

injusticia: una violación de los derechos de alguien; un acto injusto

campos de concentración: lugares donde las personas son encarceladas; específicamente, son lugares en donde encarcelaron ilegalmente a ciudadanos japoneses-estadounidenses durante la Segunda Guerra Mundial

fusionarse: unirse

minoría: el número menor de dos o más partes de un todo; un grupo con menos votos, votantes o poder político

negociar: trabajar para lograr un acuerdo

eslóganes: una frase breve y pegadiza que tiene el fin de llamar la atención y ser recordada

solidaridad: unidad a partir de intereses comunes compartidos

uniones: grupos de trabajadores organizados democráticamente que negocian con los empleadores por mejores salarios y beneficios

INDICE